1871

Versailles

L'ASSEMBLÉE NATIONALE

HISTOIRE DE LA SALLE

PLAN DE LA CHAMBRE

AVEC NUMÉRO D'ORDRE INDIQUANT LA PLACE DE CHAQUE MEMBRE
DE L'ASSEMBLÉE NATIONALE.

LISTE DES DÉPUTÉS PAR NUMÉRO D'ORDRE

INDIQUANT LEUR PLACE A CHAQUE BANQUETTE.

LISTE ALPHABÉTIQUE DE MM. LES MEMBRES DE L'ASSEMBLÉE NATIONALE

AVEC LE NUMÉRO D'ORDRE INDIQUANT LEUR PLACE DANS LA SALLE
ET LEUR ADRESSE.

H. NOT. L. D'AUBENTON.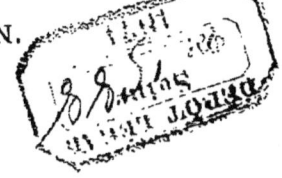

MAI 1871.

PARIS

E. LACHAUD, LIBRAIRE-ÉDITEUR
4, PLACE DU THÉATRE-FRANÇAIS, 4

LA SALLE DE L'ASSEMBLÉE NATIONALE

La magnifique salle de théâtre du palais de Versailles, qui contient aujourd'hui tous les élus du suffrage universel, n'a pas été construite sous le règne de Louis XIV, mais bien sous Louis XV.

Louis XIII fit commencer en 1627, par l'architecte Lemercier, le château de Versailles. Cette construction est celle qui forme le centre du palais; la couleur de ses briques la distingue, du côté de l'entrée, des constructions plus modernes.

Louis XIV, en 1661, fit ajouter par l'architecte Levau de nouvelles constructions au modeste château de Louis XIII. Mais c'est seulement en 1682 que le roi fixa définitivement à Versailles la résidence de la cour.

L'architecte Mansart fut chargé de tous les travaux de bâtiments, et Le Nôtre fut chargé de la direction des travaux des jardins.

La salle de théâtre actuelle fut commencée, en 1752, par l'architecte Gabriel et par ordre de Louis XV, pour complaire à Mme de Pompadour; mais la favorite était morte et remplacée par M⁽ᵐᵉ⁾ Du Barry quand la salle fut terminée, en 1770.

Le 2 octobre 1789, pendant que la révolution grondait aux portes du château, les gardes du corps étaient réunis dans un banquet avec les officiers du régiment de Flandre ; le repas était servi dans la salle du théâtre : « Les loges sont « remplies de spectateurs de la cour. Les officiers de la « garde nationale sont au nombre des convives ; une gaieté « très-vive règne pendant le festin, et bientôt les vins la « changent en exaltation. On introduit alors les soldats des « régiments. Les convives, l'épée nue, portent la santé de la « famille royale ; celle de la nation est refusée, ou du moins « omise, les trompettes sonnent la charge, on escalade les « loges en poussant des cris ; on entonne ce chant si expressif « et si connu : *O Richard ! ô mon roi ! l'univers t'aban-* « *donne !* On se promet de mourir pour le roi....: » (Thiers. — *Révolution française.*) Pour comble d'imprudence, le roi qui rentrait de la chasse, et la reine portant dans ses bras le dauphin, paraissent au milieu du festin, et leur présence vient augmenter encore ce délire. La cocarde nationale est arrachée, foulée aux pieds, remplacée par la cocarde blanche que les gardes du corps continuaient de porter ; les gardes nationaux se retirent stupéfaits. Le bruit de cette fête se répand. Trois jours après, le peuple de Paris se met en marche pour Versailles ; quelques gardes du corps sont massacrés, et le roi et la reine sont contraints de quitter ce palais qu'ils ne devaient plus revoir.

Louis-Philippe fit réparer cette salle, et l'inauguration nouvelle eut lieu le 17 mai 1837.

PHYSIONOMIE DE LA SALLE

VOIR LE PLAN POUR LA PARTIE DU PARQUET DE LA SALLE

1re GALERIE.

1re *Tribune* de gauche, **M. le Président du Conseil, Chef du Pouvoir exécutif,** 8 places ci	8
2e *Tribune* à la suite, **MM. les Vice-Présidents**	12
3e *Tribune* à la suite, **MM. les Secrétaires**	12
4e *Tribune* à la suite, **MM. les Officiers généraux des armées de terre et de mer**	8
5e *Tribune* à la suite, **MM. les Ministres**	18
6e *Tribune* à la suite, **M. le Préfet et le Conseil municipal** . . .	15
7e *Tribune* du milieu, **Le Corps diplomatique**	28
8e *Tribune* à la suite, **Anciens Députés**	15
9e *Tribune* à la suite, **Billets du 1er rang**	25
10e *Tribune* à la suite, **MM. les Questeurs**	15
11e *Tribune* de droite, **M. le Président de l'Assemblée nationale.**	15

2e GALERIE.

1re *Tribune* à billets de gauche	8
2e *Tribune* à la suite	20
3e *Tribune* de la Garde nationale	10
4e *Tribune* des Officiers de l'Armée et de la Garde nationale à la suite	15
5e *Tribune* à billets	30
6e *Tribune* du milieu, **Les Journalistes**	50
7e *Tribune* à billets	90
8e *Tribune* à billets	8
TOTAL des places	392

ASSEMBLÉE NATIONALE

(VOIR LE PLAN CI-JOINT)

PLACE DE CHAQUE DÉPUTÉ AVEC UN NUMÉRO D'ORDRE

COTÉ DROIT

1re Banquette.

    Les membres des Commissions.

2e Banquette, 6 places.

    1 PLICHON (Nord).
    2 ANCEL (Seine-Inférieure).
    3 PEYRAMONT [de] (Haute-Vienne).
    4 SALVANDY [de] (Eure).
    5 RESSEGUIER [comte de] (Gers).
    6 MALEVILLE [Léon de] (Tarn-et-Garonne).

3e Banquette, 6 places.

    7 CHASSELOUP-LAUBAT [marquis de] (Charente-Inférieure).
    8 GRAMMONT [marquis de] (Haute-Saône).
    9 RIVAILLE [Arthur] (Charente-Inférieure).
    10 MORTEMART [marquis de] (Rhône).
    11 GUICHE [marquis de la] (Saône-et-Loire).
    12 BENOIST D'AZY [comte] (Nièvre).
    13 (Place libre).

COTÉ DROIT

COTÉ DROIT

4e **Banquette**, 7 places.

    14 PRINCETEAU [questeur] (Gironde).
    15 GAVINI (Corse).
    16 MÉPLAIN (Allier).
    17 MONTLAUR [marquis de].
    18 MARTENOT (Allier).
    19 RIANT (Allier).
    20 CONTI (Corse).

5e **Banquette**, 9 places.

    21 BAZE, questeur (Lot-et-Garonne).
    22 ROGER DU NORD [comte] (Nord).
    23 PATISSIER (Allier).
    24 SARRETTE (Lot-et-Garonne).
    25 MÉRODE [de] (Nord).
    26 LA ROCHETTE [de] (Loire-Inférieure).
    27 CAZENOVE DE PRADINE [de] (Lot-et-Garonne).
    28 DUPANLOUP (Mgr) [évêque d'Orléans] (Loiret).
    29 LAMBERTERIE [de] (Lot).

6e **Banquette**, 9 places.

    30 MARTEL (Pas-de-Calais).
    31 PARTZ [marquis de] (Pas-de-Calais).
    32 DOUAY (Pas-de-Calais).
    33 MAZURE [général] (Deux-Sèvres).
    34 PAGÈS-DUPORT (Lot).
    35 BOULLIER (Loire).
    36 CALLET (Loire).
    37 MARTIN DES PALLIÈRES [général] (Gironde).
    38 SAINT-MALO [de] (Pas-de-Calais).

7e **Banquette**, 9 places.

    39 CHABAUD-LATOUR [général, baron de] (Gard).
    40 VOGUÉ [marquis de] (Cher).

COTÉ DROIT

COTÉ DROIT

41 BRYAS [comte de] (Pas-de-Calais).
42 ADAM (Pas-de-Calais).
43 RINCQUESEN [de] (Pas-de-Calais).
44 LESTOURGIE (Corrèze).
45 CHAURAND [baron] (Ardèche).
46 LA ROCHEJACQUELEIN [marquis de] (Deux-Sèvres).
47 BLIN DE BOURDON (Somme).

8e Banquette, 9 places.

48 BASTARD [comte Octave de] Lot-et-Garonne).
49 CLERCQ [de] (Pas-de-Calais).
50 HAMILLÉ [Victor] (Pas-de-Calais).
51 FOULER DE RELINGUE [comte] (Pas-de-Calais).
52 WARTELLE DE RETZ (Pas-de-Calais).
53 DUSSAUSSOY (Pas-de-Calais).
54 SAINT-VICTOR [de] (Rhône).
55 ANISSON-DUPERON (Seine-Inférieure).
56 TRÉVILLE [comte de] (Aude).

9e Banquette, 9 places.

57 PARIS (Pas-de-Calais).
58 DIESBACH [comte de] (Pas-de-Calais).
59 CHAPER (Isère).
60 ERNOUL (Vienne).
61 JAUBERT [comte] (Cher).
62 MATHIEU DE LA REDORTE (Aude).
63 CHANGARNIER [général] (Somme).
64 RAINNEVILLE [de] (Somme).
65 LEFÈVRE-PONTALIS [Amédée] (Eure-et-Loir).

10e Banquette, 9 places.

66 KERGORLAY [comte de] (Oise).
67 CASTELLANE [marquis de] (Cantal).

COTÉ DROIT

COTÉ DROIT

- 68 JUIGNÉ [marquis de] (Sarthe).
- 69 ADNET (Hautes-Pyrénées).
- 70 ABBADIE DE BARRAU [comte d'] (Gers).
- 71 LACAVE-LAPLAGNE (Gers).
- 72 DUMONT (Gers).
- 73 COMBIER (Ardèche).
- 74 BUFFET (Vosges).

10e *bis* **Banquette**, 9 places (au-dessous de la Tribune de droite).

- 75 SAINT-PIERRE [Louis de] (Manche).
- 76 DELSOL (Aveyron).
- 77 LABITTE (Oise).
- 78 KERGARIOU [comte de] (Ille-et-Vilaine).
- 79 LA ROCHE-AYMON [marquis de] (Creuse).
- 80 BARAGNON (Gard).
- 81 VENTE (Nord).
- 82 GALLONI D'ISTRIA (Corse).
- 83 ABBATUCCI [Séverin] (Corse).

11e **Banquette**, 14 places.

- 84 SAINT-GERMAIN [de] (Manche).
- 85 AUXAIS [d'] (Manche).
- 86 SAVARY (Manche).
- 87 CARRON [colonel] (Ille-et-Vilaine).
- 88 LIMAYRAC [Léopold] (Lot).
- 89 JUIGNÉ [comte de] (Loire-Inférieure).
- 90 TEMPLE [général du] (Ille-et-Vilaine).
- 91 LA ROCHE-THULON [comte de] (Vienne).
- 92 FRANCLIEU [marquis de] (Hautes-Pyrénées).
- 93 GAVARDIE [de] (Landes).
- 94 DESBONS [Anatole] (Hautes-Pyrénées).
- 95 JOHNSON (Gironde).
- 96 LASSUS [de] (Haute-Garonne).
- 97 DAMPIERRE [marquis de] (Landes).

COTÉ DROIT

COTÉ DROIT

12e Banquette, 14 places.

    98 LEGRAND [Arthur] (Manche).
    99 FOUBERT (Manche).
  100 GASLONDE (Manche).
  101 BEURGES [comte de],
  102 PELTERAU-VILLENEUVE (Haute-Marne).
  103
  104 DEZANNEAU (Loire-Inférieure).
  105 LA PERVANCHÈRE [colonel de] (Loire-Inférieure).
  106 CHEGUILLAUME (Loire-Inférieure).
  107 CORNULIER-LUCINIÈRE [comte de] (Loire-Inférieure).
  108 LABASSETIÈRE [de] (Vendée).
  109 FONTAINE [de] (Vendée).
  110 FÉLIGONDE [Eustache de] (Puy-de-Dôme).
  111 AURELLE DE PALADINES [général d'] (Allier).

13e Banquette, 14 places.

  112 BEAUVILLÉ [Cauvel de] (Somme).
  113 RAMBURES [de] (Somme).
  114 GILLON [Paulin] (Meuse).
  115 KÉRIDEC [de] (Morbihan).
  116 DURIHEL (Morbihan).
  117 GIRAUD [Alfred] (Vendée).
  118 PIOGER [de] (Morbihan).
  119 JORDAN [Alexandre] (Saône-et-Loire).
  120 SAINCTHORENT (comm^t de) (Creuse).
  121 MONNERAYE [vicomte de la] (Morbihan).
  122 AUDREN DE KERDREL (Morbihan).
  123 SUGNY [de] (Loire).
  124 MOULIN (Puy-de-Dôme).
  125 L'EBRALY (Corrèze).

14e Banquette, 14 places.

  126 TAILHAND (Ardèche).
  127 DUPORTAIL (Orne).

COTÉ DROIT

COTÉ DROIT

128 MERVEILLEUX DU VIGNAUX (Vienne).
129 BENOIST DU BUIS (Haute-Vienne).
130 MALLEVERGNE (Haute-Vienne).
131 LURO (Gers).
132 BATBIE (Gers).
133
134 BOUILLÉ [comte de] (Nièvre).
135 VALON [de] (Lot).
136 MURAT [comte Joachim] (Lot).
137 LAURENCEAU [baron] (Vienne).
138
139 TREVENEUC [comte de] (Côtes-du-Nord).

15e **Banquette**, 14 places.

140 CHABROL [de] (Puy-de-Dôme).
141 DECAZES [duc] (Gironde).
142 MATHIEU [Ferdinand] (Saône-et-Loire).
143
144 VINOIS [baron de] (Haute-Loire).
145 LA BORDERIE [de] (Ille-et-Vilaine).
146 LALLIÉ (Loire-Inférieure).
147 RODEZ-BENAVENT [vicomte de] (Hérault).
148 TORTERON [de] (Gard).
149 GRASSET [de] (Hérault).
150 TREVENEUC [vicomte de] (Finistère).
151 COLOMBET [de] (Lozère).
152 COURCELLES (Haute-Saône).
153 RICOT (Haute-Saône).

16e **Banquette**, 14 places.

154 PRADIÉ (Aveyron).
155 DAGUENET [Ad.] (Basses-Pyrénées).
156 JAMME (Doubs).
157 BOUISSON (Hérault).
158 VIENNET (Hérault).

COTÉ DROIT

COTÉ DROIT

159 MALICORNE (Charles).
160 DEPEYRE [Octave] (Haute-Garonne).
161
162 CHARREYRON (Haute-Vienne).
163 SOURY-LAVERGNE (Haute-Vienne).
164 DUPIN [Félix] (Hérault).
165 BOYER [Ferdinand] (Gard).
166 LACOMBE [Charles de] (Puy-de-Dôme).
167 VAULCHIER [de] (Doubs).

17e **Banquette, 14 places.**

168 BARASCUD (Aveyron).
169 VALADY [de] (Aveyron).
170 BOISSE (Aveyron).
171 BONALD [vicomte de] (Aveyron).
172
173
174
175
176 DUMARNAY (Finistère).
177 CHAMAILLARD [de] (Finistère).
178 MONJARET DE KERJEGU (Finistère).
179 FORSANZ [de] (Finistère).
180
181

18e **Banquette, 13 places.**

182 SAVOYE [Louis] (Seine-Inférieure).
183 HULIN (Indre-et-Loire).
184 HOUSSARD (Indre-et-Loire).
185 DUFAUR [Xavier] (Basses-Pyrénées).
186 TRIBERT (Deux-Sèvres).
187 BERNARD-DUTREIL (Sarthe).
188 LE LASSEUX (Mayenne).
189

COTÉ DROIT

COTÉ DROIT

190 LESPINASSE (Tarn-et-Garonne).
191
192 LOGGE [comte de] (Finistère).
193
194 GASSELIN DE FRESNAY (Sarthe).

19e **Banquette, 13 places.**

195 ARBEL (Loire).
196
197
198 LORTAL (Aveyron).
199
200 LECHATELAIN (Mayenne).
201 BOULLIER DE BRANCHE (Mayenne).
202 GAULLIER DE VAUCENAY (Mayenne).
203
204
205
206 CRUSSOL [duc de] (Gard).
207 CHANZY [général] (Ardennes).

20e **Banquette, 12 places.**

208 BÉRENGER (Drôme).
209
210
211
212
213
214
215 BÉTHUNE [comte de] (Ardennes).
216 PHILIPPOTEAUX (Ardennes).
217 GAILLY (Ardennes).
218
219 TOUPET DES VIGNES (Ardennes).

COTÉ DROIT

CÔTÉ DROIT

21e Banquette, 11 places.

    220 GANIVET [Alban] (Charente).
    221 BALSAN (Indre).
    222 VITALIS (Hérault).
    223
    224 MONTEIL (Dordogne).
    225
    226 CHADOIS [colonel de] (Dordogne).
    227 MAZERAT (Dordogne).
    228 CARBONNIER DE MARZAC [de] (Dordogne).
    229 DAUSSEL (Dordogne).
    230 FOURTOUL [P. B. de] (Dordogne).

22e Banquette, 10 places.

    231 SACASE (Haute-Garonne).
    232
    233
    234
    235 JOURDAN (Isère).
    236 JOCTEUR-MONTROZIER (Isère).
    237
    238 GUEIDAN (Isère).
    239 LAPRADE [Victor de] (Rhône).
    240 CALEMARD DE LAFAYETTE (Haute-Loire).

23e Banquette, 9 places.

    241 ARFEUILLÈRES (Corrèze).
    242 PERRIER [Eugène] (Marne).
    243 DAUPHINOT (Marne).
    244 VIDAL [Saturnin] (Ariége).
    245 MONTGOLFIER (Loire).
    246 PERRET (Rhône).
    247 PRÉTAVOINE (Eure).

CÔTÉ DROIT

CÔTÉ DROIT

248 GLAS (Rhône).
249

24e Banquette, 6 places.

250 COSTA DE BEAUREGARD [marquis] (Savoie).
251 VANDIER (Vendée).
252 BOUCHER (Morbihan).
253
254 ROQUEMAUREL [colonel de] (Ariége).
255 ACLOCQUE (Ariége).

25e Banquette, 3 places.

256 RAMBURES [A. de] (Somme).
257
258 MALARTRE (Haute-Loire).

26e Banquette, la 1re circulaire, en commençant par la porte la plus près du président.

259 LA ROCHEFOUCAULT-BISACCIA [duc de] (Sarthe).
260 LUR-SALUCES [marquis de] (Gironde).
261 LA BOUILLERIE [de] (Maine-et-Loire).
262 BALLEROY [de] (Calvados).
263 KERMENGUY [de] (Finistère).
264 ABOVILLE [vicomte] (Loiret).
265
266 VALFONS [marquis de] (Gard).
267 BARANTE [baron de] (Puy-de-Dôme).
268 MARMIER [duc de] (Haute-Saône).
269 JARREGUIBERRY [amiral] (Basses-Pyrénées).
270
271 MONNET (Deux-Sèvres).
272 TROCHU [général] (Morbihan).
273 FOURICHON [amiral] (Dordogne).
274 AYMÉ DE LA CHEVRELIÈRE (Deux-Sèvres).

CÔTÉ DROIT

COTÉ DROIT

275
276 JOURNU (Gironde).
277 BONNET (Gironde).
278 NOAILHAN [comte de] (Ariége).
279 SAINTENAC [vicomte de] (Ariége).
280 LIMAIRAC [Jules de] (Tarn-et-Garonne)
281
282 PEULVÉ (Seine-Inférieure).
283 PONTOI-PONTCARRÉ [marquis de] (Eure-et-Loir).
284 SERS [marquis de] (Loir-et-Cher).
285 HUON DE PENNANSTER (Côtes-du-Nord).
286 LARGENTAYE [de] (Côtes-du-Nord).
287
288
289
290 GONTAUT-BIRON [vicomte de] (Basses-Pyrénées).
291 SEPH [Gusman] (Vienne).

Banquette, circulaire derrière.

292 CARAYON-LATOUR [de] (Gironde).
293
294 PUYBERNEAU [de] (Vendée).
295 FOUCAUD [de] (Côtes-du-Nord).
296 LORGERIL [vicomte de] (Côtes-du-Nord).
297 CINTRÉ [de] (Ille-et-Vilaine).
298 DOUHET [comte de] (Puy-de-Dôme).
299 BOURGEOIS (Vendée).
300 BOIS-BOISSEL [comte de] (Côtes-du-Nord).
301 CHAMPAGNY [vicomte Henri de] (Côtes-du-Nord).
302 BIDARD (Ille-et-Vilaine).
303 VENTAVON [Casimir] (Hautes-Alpes).
304
305
306
307 TAILLEFERT (Deux-Sèvres).

COTÉ DROIT

CÔTÉ DROIT

- 308 MALEVILLE [marquis de] (Dordogne)
- 309 DELPIT [Martial] (Dordogne).
- 310
- 311
- 312 VETILLARD (Sarthe).
- 313
- 314 BRIDIEU [marquis de] (Indre-et-Loire).
- 315
- 316 HESPEL [comte d'] (Nord).
- 317 JUILLIEN [Alexandre] (Loire).
- 318
- 319 ROYS [marquis des] (Seine-Inférieure).
- 320 ALLENOU (Côtes-du-Nord).
- 321
- 322
- 323 DEPASSE (Côtes-du-Nord).
- 324 BRETTES-THURIN [comte de] (Haute-Garonne).
- 325
- 326 JAFFRÉ [abbé] (Morbihan).

Banquette dans le renfoncement.

- 327 LÉON [Adrien] (Gironde).
- 328 GODET DE LA RIBOUILLERIE (Vendée).
- 329 BELCASTEL [de] (Haute-Garonne).
- 330 MARHALLACH [abbé du] (Finistère).

LE CENTRE

2ᵉ **Banquette** faisant suite à la 2ᵉ banquette, MM. les Ministres.

3ᵉ **Banquette**, 9 places.

- 331 LA RONCIÈRE LE NOURY [amiral] (Eure).
- 332 DOMPIERRE D'HORNOY [amiral] (Somme).

LE CENTRE

LE CENTRE

- 333 GOUVION SAINT-CYR [marquis de] (Eure-et-Loir).
- 334 STAPLANDE [de] (Nord).
- 335 LAGRANGE [baron Alexis de] (Nord).
- 336 RICHIER (Gironde).
- 337 CHAMBRUN [comte de] (Lozère).
- 338 VITET (Seine-Inférieure).
- 339 ESCHASSERIAUX [baron] (Charente-Inférieure).

4e Banquette, 9 places.

- 340 SAINT-MARC GIRARDIN (Haute-Vienne).
- 341 MARCÈRE [de] (Nord).
- 342 BODUIN (Nord).
- 343 MAURICE [Jules] (Nord).
- 344 BRABANT (Nord).
- 345 METTETAL (Doubs).
- 346 THÉRY (Nord).
- 347 LEURENT (Nord).
- 348 VAST-VIMEUX (Charente-Inférieure).

5e Banquette, 9 places.

- 349 BRAME [Jules] (Nord).
- 350 JOUVENEL [baron de] (Corrèze).
- 351 BAUCARNE-LEROUX (Nord).
- 352 PAJOT (Nord).
- 353 CORCELLES [de] (Nord).
- 354 MELUN [comte de] (Nord).
- 355 KOLB-BERNARD (Nord).
- 356 ANDELARRE [marquis d'] (Haute-Saône).
- 357 TERNAUX [Mortimer] (Ardennes).

6e Banquette, 9 places.

- 358 MONTAIGNAC [amiral de] (Allier).
- 359 BAGNEUX [comte de] (Seine-Inférieure).
- 360 VILFEU (Mayenne).

LE CENTRE

LE CENTRE

- 361 BRIGODE [de] (Nord).
- 362 BOREAU-LAJANADIE (Charente).
- 363 DESCAT (Nord).
- 364 ROTOURS [des] (Nord).
- 365 BOTTICAU (Nord).
- 366 ROY DE LOULAY (Charente-Inférieure).

7ᵉ Banquette, 9 places.

- 367 BROGLIE [duc de] (Eure).
- 368 BIGOT [Armand] (Mayenne).
- 369 MATHIEU-BODET (Charente).
- 370 LAURENCEAU [baron de].
- 371 DESJARDINS (Oise).
- 372 BIENVENUE (Finistère).
- 373 REVERCHON [H.] (Jura).
- 374 MORNAY [marquis de] (Oise).
- 375 WITT [Cornelis de] (Calvados).

8ᵉ Banquette, 9 places.

- 376 RAVINEL [de] (Vosges).
- 377 PIOU (Haute-Garonne).
- 378 RAUDOT (Yonne).
- 379 DESEILLIGNY (Aveyron).
- 380 PERROT [Ulric] (Oise).
- 381 DUFOUR (Indre).
- 382 CLÉMENT [Léon] (Indre).
- 383 TALLON [Eugène] (Puy-de-Dôme).
- 384 GOULARD [de] (Hautes-Pyrénées).

9ᵉ Banquette, 9 places.

- 385 HAENTJENS (Sarthe).
- 386 CAILLAUX (Sarthe).
- 387 BUSSON-DUVIVIERS (Sarthe).
- 388 BUISSON (Seine-Inférieure).

LE CENTRE

LE CENTRE

- 389 AIGLE [comte de l'] (Oise).
- 390 AMY (Cher).
- 391 GALLICHER (Cher).
- 392 BREUIL DE SAINT-GERMAIN [du] (Haute-Marne).
- 393 LESPERUT [baron de] (Haute-Marne).

10e Banquette, 9 places.

- 394 CHATELIN (Maine-et-Loire).
- 395 DURFORT DE CIVRAC [comte de] (Maine-et-Loire).
- 396 MONTRIEUX [René] (Maine-et-Loire).
- 397 MAILLÉ [comte de] (Maine-et-Loire).
- 398 MEAUX [vicomte de] (Loire).
- 399 FOURNIER [Henri] (Cher).
- 400 GERMONIÈRE (Manche).
- 401 DARU [comte] (Manche).
- 402 TALHOUET [marquis de] (Sarthe).

COTÉ GAUCHE

1re Banquette. Les Membres des Commissions.

2e Banquette.   do   do

3e Banquette, 7 places.

- 403 CHARTON (Yonne).
- 404 DUCHATEL [comte] (Charente-Inférieure).
- 405 LANFREY (Bouches-du-Rhône).
- 406 GUIRAUD [Léonce de] (Aude).
- 407 HARCOURT [duc d'] (Calvados).
- 408 COCHERY (Loiret).
- 409 WILSON (Indre-et-Loire).

COTÉ GAUCHE

COTÉ GAUCHE

4e **Banquette,** 7 places.

    410 SILVA [Clément] (Haute-Saône).
    411 DESTREMX (Ardèche).
    412 BROET (Ardèche).
    413 SEIGNOBOS (Ardèche).
    414 RAMPON [comte de] (Ardèche).
    415 GOUIN (Indre-et-Loire).
    416 WALLON (Nord).

5e **Banquette,** 9 places.

    417 PARENT (Savoie).
    418 DUPARC (Haute-Savoie).
    419 CHARDON (Haute-Savoie).
    420 VIALLET (Savoie).
    421 CARQUET (Haute-Savoie).
    422 GAULTIER DE RUMILLY (Somme).
    423 FLAUD (Côtes-du-Nord).
    424 CORNE (Nord).
    425 JAVAL (Yonne).

6e **Banquette,** 9 places.

    426 DORIAN (Loire).
    427 TILLANCOURT [de] (Aisne).
    428 PELLETAN (Bouches-du-Rhône).
    429 BOZÉRIAN (Loir-et-Cher).
    430 DUCOUX (Loir-et-Cher).
    431 TASSIN (Loir-et-Cher).
    432 GÉVELOT (Orne).
    433 CARRÉ-KÉRISOUET (Côtes-du-Nord).
    434 DELILLE (Creuse).

7e **Banquette,** 9 places.

    435 MAGNIN (Côte-d'Or).
    436 DELORME [Achille] (Calvados).

COTÉ GAUCHE

COTÉ GAUCHE

437 TAMISIER (Jura).
438 ARAGO [Emmanuel] (Pyrénées-Orientales).
439 GUITER (Pyrénées-Orientales).
440 LENOEL [Émile] (Manche).
441 BRICE [René] (Ille-et-Vilaine).
442 BUISSON (Aude).
443 TARGET (Calvados).

8e Banquette, 9 places.

444 LUCET (Constantine, Algérie).
445 THUREL (Jura).
446 DELACOUR (Calvados).
447 BERTHAULT (Calvados).
448 CUNIT (Loire).
449 OSMOY [d'] (Eure).
450 LEBLOND (Marne).
451 DUCUING (Hautes-Pyrénées).
452 LASTEYRIE [J. de] (Seine-et-Marne).

9e Banquette, 9 places.

453 RICARD (Deux-Sèvres).
454 RIONDEL (Isère).
455 LA CAZE (Basses-Pyrénées).
456 BARTHE [Marcel] (Basses-Pyrénées).
457 FLYE-SAINTE-MARIE (Marne).
458 THOMAS [docteur] (Marne).
459 PASSY [Louis] (Eure).
460 HAUSSONVILLE [vicomte Othenin d'] (Seine-et-Marne).
461 BOCHER (Calvados).

10e Banquette, 9 places.

462 GRÉVY [Albert] (Doubs).
463 LESTAPIS [de] (Basses-Pyrénées).
464 ROUVEURE (Ardèche).

COTÉ GAUCHE

COTÉ GAUCHE

465 FLOTARD (Rhône).
466 BARDOUX (Puy-de-Dôme).
467 ROUX [Honoré] (Puy-de-Dôme).
468 CUMONT [vicomte Arthur de] (Maine-et-Loire).
469 BEUTÉ (Maine-et-Loire).
470 JOUBERT [Ambroise] (Maine-et-Loire).

10e *ter* Banquette, 9 places. (Au-dessous de la Tribune de gauche.)

471 MANGINI (Rhône).
472 LEROYER (Rhône).
473 DUCARRE (Rhône).
474 MARGAINE (Marne).
475 LOYSEL [général] (Ille-et-Vilaine).
476 LEFRANC [Victor] (Landes).
477 DUCLERC (Basses-Pyrénées).
478 BILLOT [général] (Corrèze).
479 LA SICOTIÈRE [de] (Orne).

11e Banquette, 14 places.

480 ARNAUD [de l'Ariége] (Seine).
481 LIMPÉRANI (Corse).
482 RIVE [Francisque] (Ain).
483 AMAT (Bouches-du-Rhône).
484 BUÉE (Seine-Inférieure).
485 BERNARD [Charles] (Ain).
486 BRUN [Lucien] (Ain).
487 BOTTARD (Indre).
488 BONDY [comte de] (Indre).
489 MOREL [Jules] (Rhône).
490 BOMPARD (Meuse).
491 DELAVAU (Maine-et-Loire).
492 CHAMPVALLIER [de] (Charente).
493 RICHARD MAX (Maine-et-Loire).

COTÉ GAUCHE

COTÉ GAUCHE

12e Banquette, 14 places.

494 VACHEROT (Seine).
495 JOZON (Seine-et-Marne).
496 LAMY (Jura).
497 BESNARD (Eure).
498 COMBARIEU [de] (Isère).
499 RENAUD [Félix] (Saône-et-Loire).
500 DUREAULT (Saône-et-Loire).
501
502 MARTELL (Charente).
503 FERAY (Seine-et-Oise).
504 SAY [Léon] (Seine).
505 BESSON [Paul] (Jura).
506 MAGNIEZ (Somme).
507 COURBET-POULARD (Somme).

13e Banquette, 14 places.

508 MONNOT-ARBILLEUR (Doubs).
509 WARNIER (Marne).
510 STEINHEIL (Vosges).
511 CORDIER (Seine-Inférieure).
512 PALOTTE [Jacques] (Creuse).
513 PRAX-PARIS (Tarn-et-Garonne).
514 SAINT-PIERRE (Calvados).
515 LAFAYETTE [Oscar de] (Seine-et-Marne).
516 LANEL (Seine-Inférieure).
517 SALVY (Cantal).
518 COTTIN [Paul] (Ain).
519 GAYOT [Amédée] (Aube).
520 RÉMUSAT [Paul de] (Haute-Garonne).
521 LEFEBVRE-PONTALIS [Antonin] (Seine-et-Oise).

COTÉ GAUCHE

COTÉ GAUCHE

14ᵉ Banquette, 14 places.

522 PEYRAT (Seine).
523 LANGLOIS [Amédée] (Seine).
524 ADAM [Edmond] (Seine).
525 NOEL PARFAIT (Eure-et-Loir).
526 MAYAUD [Paul] (Maine-et-Loire).
527 FERRY [Jules] (Vosges).
528 DARON (Saône-et-Loire).
529
530 LIGNIER (Aube).
531 LEROUX [Émile] (Oise).
532 PARIGOT (Aube).
533 BLAVOYER (Aube).
534 AUDIFFRET-PASQUIER [duc d'] (Orne).
535 CASIMIR-PÉRIER (Aube).

15ᵉ Banquette, 14 places.

536 BLANC [Louis] (Seine).
537 SCHŒLCHER (Martinique).
538 TOLAIN (Seine).
539
540 TIRARD (Seine).
541 ROLLAND (Saône-et-Loire).
542 ROUSSEL [Théophile] (Lozère).
543 FOUQUET (Aisne).
544 MARTIN [Henri] (Seine).
545 MALÉZIEUX (Aisne).
546 BEAU (Orne).
547 VOISIN [Félix] (Seine-et-Marne).
548 SÉGUR [comte Louis de] (Seine-et-Marne).
549 VINGTAIN [Léon] (Eure-et-Loir).

COTÉ GAUCHE

COTÉ GAUCHE

16ᵉ Banquette, 14 places.

    550 BRISSON [Henri] (Seine).
    551
    552 GUICHARD (Yonne).
    553 GERMAIN (Ain).
    554 TENDRET (Ain).
    555
    556
    557 SOYE [docteur] (Aisne).
    558 LEROUX [Aimé] (Aisne).
    559 WADDINGTON (Aisne).
    560 PORY-PAPY (Martinique).
    561 CRISTOPHLE [Albert] (Orne).
    562
    563 DUFOURNEL (Haute-Saône).

17ᵉ Banquette, 14 places.

    564 GUINARD (Savoie).
    565 GODIN (Aisne).
    566
    567
    568 ALEXANDRE [Charles] (Saône-et-Loire).
    569
    570 VILLAIN (Aisne).
    571
    572 LAFON DE FONGOUFIER (Sénégal).
    573 ROLLIN [A.].
    574 QUINSONAS [marquis de] (Isère).
    575 VINAY [Henri] (Haute-Loire).
    576 BENOIST (Meuse).
    577 AUBRY (Vosges).

COTÉ GAUCHE

COTÉ GAUCHE

18e Banquette, 13 places.

    578 QUINET [Edgar] (Seine).
    579
    580 GIRERD [Cyprien] (Nièvre).
    581 REYMOND [Ferdinand] (Isère).
    582
    583 CHEVANDIER (Drôme).
    584
    585 MICHEL-LADICHÈRE (Isère).
    586
    587
    588 LE CAMUS (Tarn).
    589 BERMOND [de] (Tarn).
    590 DAGUILLON-LASELVE (Tarn).

19e Banquette, 13 places.

    591
    592 LAFLIZE (Meurthe).
    593 VIOX (Meurthe).
    594 ANCELON (Meurthe).
    595 BERLET (Meurthe).
    596
    597 EYMARD DE VERNAY (Isère).
    598
    599
    600
    601 RIVET [Charles] (Corrèze).
    602 GUIBAL (Tarn).
    603

20e Banquette, 12 places.

    604
    605 BILLY (Meuse).

COTÉ GAUCHE

COTÉ GAUCHE

- 606 GRANDPIERRE (Meuse).
- 607 CLAUDE [Camille] (Meurthe).
- 608 DESCHANGE (Moselle).
- 609 CONTAUT (Vosges).
- 610
- 611
- 612 GROLLIER (Orne).
- 613
- 614 TEISSERENC DE BORT (Haute-Vienne).
- 615 LAMBERT DE SAINTE-CROIX (Aude).

21ᵉ Banquette, 11 places.

- 616 GEORGE [Émile] (Vosges).
- 617
- 618 VARROY (Meurthe).
- 619 BRICE (Meurthe).
- 620 CLAUDE (Vosges).
- 621
- 622 ANDRÉ [docteur].
- 623
- 624 MARTIN [Charles] (Nièvre).
- 625
- 626 PAULTRE (Nièvre).

22ᵉ Banquette, 10 places.

- 627 BRUNET (Seine).
- 628
- 629
- 630
- 631 BASTID [Raymond] (Cantal).
- 632 MURAT-SISTRIÈRE (Cantal).
- 633 ROLLAND (Lot).
- 634

COTÉ GAUCHE

COTÉ GAUCHE

635
636 LEBAS (Nièvre).

23ᵉ Banquette, 9 places.

637
638 MALENS (Drôme).
639 PICCON (Alpes-Maritimes).
640 BERGONDI (Alpes-Maritimes).
641 SAISY [Hervé de] (Côtes-du-Nord).
642 ROBERT DE MASSY (Loiret).
643 LEBRUN (Simon).
644 CHARETON [général] (Drôme).
645 PÉLISSIER [Victor] (général) (Saône-et-Loire).

24ᵉ Banquette, 6 places.

646 DUPONT [de l'Eure] (Eure).
647 MARCHAND (Charente).
648 CRESPIN (Loiret).
649
650 MICHEL (Basses-Alpes).
651 DUCHAFFAULT (Basses-Alpes).

25ᵉ Banquette, 3 places.

652 PETAU (Loiret).
653
654 BRETON [Paul] (Isère).

26ᵉ bis Banquette, 33 places.

655 RAMEAU (Seine-et-Oise).
656 JOURNAULT (Seine-et-Oise).
657
658 LITTRÉ (Seine).

COTÉ GAUCHE

COTÉ GAUCHE

659
660 DELACROIX (Eure-et-Loir).
661 RATHIER (Yonne).
662
663
664 LEPÈRE (Yonne).
665 FARCY [lieutenant de vaisseau] (Seine).
666 DURIEU (Cantal).
667 RENAUD [Michel] (Basses-Pyrénées).
668 LASERVE (Ile de la Réunion).
669 DUBOIS (Côte-d'Or).
670 TURQUET (Aisne).
671 CARION (Côte-d'Or).
672 ESQUIROS (Bouches-du-Rhône).
673
674 JOIGNEAUX (Côte-d'Or).
675
676 TABERLET (Haute-Savoie).
677 MOREAU (Côte-d'Or).
678
679
680 SIMON [Fidèle] (Loire-Inférieure).
681 DORÉ-GRASLIN (Loire-Inférieure).
682 GRIVART (Ille-et-Vilaine).
683 BABIN-CHEVAYE (Loire-Inférieure).
684 COLAS (Constantine).
685 BERNARD [Martin] (Seine).
686 ANDRIEU [Joseph] (Oran).
687

27e *bis* Banquette, 35 places.

688 BARTHÉLEMY SAINT-HILAIRE (Seine-et-Oise).
689 DUCROT [général] (Nièvre).
690 FREBAULT [général] (Seine).
691 SAUVAGE (Seine).

COTÉ GAUCHE

COTÉ GAUCHE

692 BRUN [Charles] (Var).
693
694 CARNOT père (Seine-et-Oise).
695
696 CARNOT [Sadi] (Côte-d'Or).
697 MAHY [de] (Ile de la Réunion).
698
699
700
701
702
703
704
705 GREPPO (Seine).
706 BAMBERGER [docteur de] (Moselle).
707
708
709
710 MARC-DUFRAISSE (Seine).
711 GATIEN ARNOULT (Haute-Garonne).
712 HUMBERT (Haute-Garonne).
713
714
715
716 GINOUX DE FERMON [comte] (Loire-Inférieure).
717 FLEURIOT [de] (Loire-Inférieure).
718
719
720
721
722 FRESNEAU (Morbihan).

28° *bis* Banquette, 4 places.

723 VIMAL-DESSAIGNE (Puy-de-Dôme).
724 FLAGHAC [baron de] (Haute-Loire).

COTÉ GAUCHE

COTÉ GAUCHE

725 DECAZE [baron] (Tarn).
726 CHAUDORDY [comte de] (Lot-et-Garonne).

LISTE ALPHABÉTIQUE

DE

MESSIEURS LES REPRÉSENTANTS

BUREAU DE L'ASSEMBLÉE NATIONALE

Président.

M. Jules GRÉVY.

Vice-Présidents.

MM. MARTEL.
Le Comte BENOIST-D'AZY.

MM. Louis VITET.
Léon DE MALEVILLE.

Secrétaires.

MM. BETHMONT.
De RÉMUSAT.
Le Baron de BARANTE.

JOHNSTON.
Le Marquis de CASTELLANE.
Le Vicomte de MEAUX.

Questeurs.

MM. BAZE.
Le Général MARTIN DES PALLIÈRES.
PRINCETEAU.

A

70 **Abbadie de Barrau** [comte d'] (Gers), 29, rue de la Paroisse.
83 **Abbatucci** [Séverin] (Corse), 51, avenue de Saint-Cloud.
264 **Aboville** [d'] (Loiret), 4, rue d'Angivilliers.
255 **Aclocque** (Ariége), 23, rue Neuve.
42 **Adam** (Pas-de-Calais), 1, rue du Vieux-Versailles.
524 **Adam** [Edmond] (Seine), 21, rue de la Paroisse.
69 **Adnet** (Hautes-Pyrénées), 25, rue Neuve.
389 **Aigle** [comte de l'] (Oise), 27 bis, rue de Noailles.

320 **Allenou** (Côtes-du-Nord), 2, rue de Maurepas.
568 **Alexandre** [Charles] (Saône-et-Loire).
483 **Amat** (Bouches-du-Rhône), 7, boulevard du Roi.
390 **Amy** (Cher), 43 bis, rue de Vergennes.
2 **Ancel** (Seine-Inférieure), 41, rue Saint-Honoré.
594 **Ancelon** (Meurthe), rue de Montbauron, 9.
356 **Andelarre** [marquis d'] (Haute-Saône), hôtel des Réservoirs.
686 **Andrieu** (Oran), boulevard Saint-Antoine, 1.
55 **Anisson-Duperron** (Seine-Inférieure), 13, rue Colbert.
438 **Arago** [Emmanuel] (Pyr.-Orient.), 25, boulevard de la Reine.
195 **Arbel** (Loire), hôtel de la Chasse.
241 **Arfeuillères** (Corrèze), 7, rue du Vieux-Versailles.
480 **Arnaud** [de l'Ariége] (Seine), 5, rue des Bourdonnais.
Auberjon [d'] (Haute-Garonne), 5, rue de Maurepas.
577 **Aubry** (Vosges).
534 **Audiffret-Pasquier** [duc d'] (Orne), 21, rue Saint-Louis.
122 **Audren de Kerdrel** (Morbihan), hôtel Vatel.
Aumale [duc d'] (Oise).
111 **Aurelle de Paladines** [général d'] (Allier), 46, rue Du Plessis.
85 **Auxais** [d'] (Manche), 5, rue Neuve.
274 **Aymé de la Chevrelière** (Deux-Sèvres), 63, rue de la Paroisse.

B

683 **Babin-Chevaye** (Loire-Infér.), 10, rue Saint-Antoine.
359 **Bagneux** [comte de] (Seine-Inférieure), 10, place Hoche.
262 **Balleroy** [de] (Calvados), 8, avenue de Sceaux.
221 **Balsan** (Indre), avenue de Saint-Cloud, 48.
706 **Bamberger** (Moselle), 5, rue des Récollets.
80 **Baragnon** (Gard), 54, avenue de Paris.
267 **Barante** [baron de] (Puy-de-Dôme), 8, avenue de Sceaux.
168 **Barascud** (Aveyron), 46, avenue de Paris.
Bardon (Moselle).
466 **Bardoux** (Puy-de-Dôme), 5, impasse de l'Embarcadère de la rive droite.
456 **Barthe** (Basses-Pyrénées), 17, rue Saint-Martin.
688 **Barthélemy Saint-Hilaire** (Seine-et-Oise), à la Préfecture.
48 **Bastard** [comte Octave de] (Lot-et-Garonne), 31, boulevard de la Reine.
631 **Bastid** [Raymond] (Cantal), 34, rue de Maurepas.
132 **Batbie** (Gers), 45, boulevard de la Reine.
351 **Baucarne-Leroux** (Nord), hôtel de France.
21 **Baze** (Lot-et-Garonne), au palais de l'Assemblée nationale.
546 **Beau** (Orne), 12, rue de Maurepas.
112 **Beauvillé** [de] (Somme), rue de Pétigny, 3.
329 **Belcastel** [de] (Haute-Garonne), 15, rue Colbert.

12 **Benoist-d'Azy** [Comte] (Nièvre), rue
576 **Benoit** (Meuse), 8, avenue de Sceaux.
129 **Benoit du Buis** (Haute-Vienne), 27, rue Hoche.
208 **Bérenger** (Drôme), 1, rue de la Paroisse.
640 **Bergondi** (Alpes-Maritimes), rue de Mademoiselle.
595 **Berlet** (Meurthe), 27, rue de Maurepas.
589 **Bermond** [de] (Tarn), 66, rue Du Plessis.
485 **Bernard** [Charles] (Ain), 19, rue de Satory.
685 **Bernard** [Martin] (Seine), 80, rue Royale.
187 **Bernard-Dutreil** (Sarthe), 7, rue de la Bibliothèque.
447 **Bertauld** (Calvados), 4, rue de Maurepas.
497 **Besnard** (Eure), 32, avenue de Paris.
505 **Besson** [Paul] (Jura), 9, rue de la Bibliothèque.
Bethmont (Charente-Inférieure), 2, boulevard de la Reine.
215 **Béthune** [comte de] (Ardennes), 16, avenue de Paris.
469 **Beulé** (Maine-et-Loire), rue Villeneuve-l'Étang, villa des Marronniers.
101 **Beurges** (comte de), 16, rue des Tournelles.
302 **Bidard** (Ille-et-Vilaine), 52, rue de l'Orangerie.
372 **Bienvenüe** (Finistère), 89, avenue de Saint-Cloud.
368 **Bigot** [Armand] (Mayenne), 9, place Hoche.
478 **Billot** [général] (Corrèze), 9, boulevard du Roi.
605 **Billy** (Meuse), 10, rue Neuve.

536 **Blanc** [Louis] (Seine), rue
533 **Blavoyer** (Aube), hôtel des Réservoirs.
47 **Blin de Bourdon** (Somme), 9, rue de Mademoiselle.
461 **Bocher** (Calvados), hôtel des Réservoirs.
342 **Boduin** (Nord), hôtel des Réservoirs, annexe.
300 **Bois-Boissel** [comte de] (Côtes-du-Nord), 8, rue des Tournelles.
170 **Boisse** (Aveyron), 19, rue de Satory.
490 **Bompard** (Meuse), 8, avenue de Sceaux.
171 **Bonald** [vicomte de] (Aveyron), 7, rue de la Bibliothèque.
488 **Bondy** [comte de] (Indre), 18, rue de Maurepas.
277 **Bonnet** (Gironde), 8, rue des Tournelles.
362 **Boreau-Lajanadie** (Charente), 3, rue de Mademoiselle.
487 **Bottard** (Indre), 3, rue de la Cathédrale.
385 **Botticau** (Nord), 17, rue Neuve.
252 **Boucher** (Morbihan), 8, rue de l'Orangerie.
134 **Bouillé** [comte de] (Nièvre), 8, avenue de Sceaux.
157 **Bouisson** (Hérault), 25, rue des Bourdonnais.
35 **Boullier** (Loire), 2 *bis*, rue de La Quintinie.
201 **Boullier de Branche** (Mayenne), 38, avenue de Paris.
299 **Bourgeois** (Vendée), 13, rue de Montreuil.
165 **Boyer** (Gard), 2, rue Saint-Louis.
429 **Bozérian** (Loir-et-Cher), 5, rue de la Bibliothèque.
344 **Brabant** (Nord), 9, boulevard de la Reine.
349 **Brame** [Jules] (Nord).

654 **Breton** (Isère), 13, rue de Mademoiselle.
324 **Brettes-Thurin** [comte de] (Haute-Garonne), 65 *bis*, avenue de Saint-Cloud.
392 **Breuil de Saint-Germain** [du] (Haute-Marne), 12, boulevard de la Reine.
619 **Brice** (Meurthe), 3, rue du Bel-Air.
441 **Brice** [Réné] (Ille-et-Vilaine), 30, rue Du Plessis.
314 **Bridieu** [marquis de] (Indre-et-Loire), 1, rue des Tournelles.
361 **Brigode** [de] (Nord), 1, rue Sainte-Victoire.
550 **Brisson** (Seine).
412 **Broët** (Ardèche), 7, boulevard de la Reine.
367 **Broglie** [duc de] (Eure), boulevard de la Reine.
692 **Brun** [Charles] (Var), rue Colbert, hôtel de France.
486 **Brun** [Lucien] (Ain), rue
627 **Brunet** (Seine).
41 **Bryas** [comte de] (Pas-de-Calais), hôtel des Réservoirs.
484 **Buée** (Seine-Inférieure), 2, rue et place de la Cathédrale.
74 **Buffet** (Vosges), hôtel des Réservoirs.
442 **Buisson** [Jules] (Aude), 22, rue des Réservoirs.
388 **Buisson** (Seine-Inférieure), 27, rue de la Paroisse.
387 **Busson-Duviviers** (Sarthe), 28, rue de l'Orangerie.

C

386 **Caillaux** (Sarthe), Régie du Château, escalier n° 2.
240 **Calemard de La Fayette** (Haute-Loire), 42, rue de la Paroisse.
36 **Callet** (Loire), 84, rue Royale.
292 **Carayon-Latour** [de] (Gironde), 8, rue d'Anjou.
228 **Carbonnier de Marzac** (Dordogne), 26, rue de Maurepas.
671 **Carion** (Côte-d'Or), 7, rue Sainte-Adélaïde.
694 **Carnot** père (Seine-et-Oise), 1, impasse des Gendarmes.
696 **Carnot** [Sadi] (Côte-d'Or), 1, impasse des Gendarmes.
421 **Carquet** (Savoie), 15, rue des Réservoirs.
433 **Carré-Kérisouët** (Côtes-du-Nord), 22, rue des Réservoirs.
87 **Carron** [le colonel] (Ille-et-Vilaine), 3, rue de Savoie.
535 **Casimir-Périer** (Aube), 9, place Hoche.
67 **Castellane** [marquis de] (Cantal), 1, rue de la Paroisse.
27 **Cazenove de Pradine** [de] (Lot-et-Garonne), 17, boulevard de la Reine.
39 **Chabaud-Latour** [général baron de] (Gard), 50, avenue de Saint-Cloud.
140 **Chabrol** [de] (Puy-de-Dôme), 17, rue Colbert.
Chabron [général de] (Haute-Loire), 12, rue Montbauron.
226 **Chadois** [colonel de] (Dordogne), 8, boulevard du Roi.
177 **Chamaillard** [de] (Finistère), hôtel Vatel.
337 **Chambrun** [comte de] (Lozère), 25, rue des Bourdonnais.
301 **Champagny** [vicomte Henri de] (Côtes-du-Nord), 12, rue d'Anjou.
492 **Champvallier** [de] (Charente), 15, rue Colbert.

- 63 **Changarnier** [général] (Somme), 11, rue Saint-Pierre.
- 207 **Chanzy** [général] (Ardennes), 1, rue du Hameau-Saint-Antoine.
- 59 **Chaper** (Isère), 50, avenue de Saint-Cloud.
- 419 **Chardon** (Haute-Savoie), 10, rue des Tournelles.
- 644 **Chareton** [général] (Drôme), 21, rue Royale.
- 162 **Charreyon** (Haute-Vienne), 3, rue du Jeu-de-Paume.
- 403 **Charton** (Yonne), 31, rue Saint-Martin.
- 7 **Chasseloup-Laubat** [marquis de] (Charente-Inférieure), 9, rue Colbert.
- 394 **Chatelin** (Maine-et-Loire), 46, rue de la Paroisse.
- 726 **Chaudordy** [comte de] (Lot-et-Garonne), 27, rue de Noailles.
- 45 **Chaurand** [baron] (Ardèche), hôtel de France.
- 106 **Cheguillaume** (Loire-Infér.), 10, rue Saint-Antoine.
- 583 **Chevandier** (Drôme), 16, rue de la Chancellerie.
- **Choiseul** [Horace de] (Seine-et-Marne), hôtel des Réservoirs.
- 561 **Christophel** (Orne), 22, rue de l'Ermitage.
- 297 **Cintré** [comte de] (Ille-et-Vilaine), 18, rue des Chantiers.
- 607 **Claude** (Meurthe), 27, rue de Maurepas.
- 620 **Claude** (Vosges), 37, boulevard des Capucines, à Paris.
- 382 **Clément** [Léon] (Indre), 8, rue de l'Orangerie.
- 49 **Clercq** [de] (Pas-de-Calais), 1, rue du Vieux-Versailles.
- 408 **Cochery** (Loiret), 3, rue de la Pompe.
- 684 **Colas** (Constantine), 1, boulevard Saint-Antoine.
- 151 **Colombet** [de] (Lozère), 9, rue de l'Orangerie.
- 498 **Combarieu** [de] (Isère), 10, rue des Tournelles.
- 73 **Combier** (Ardèche), 2, boulevard de la Reine.
- 609 **Contaut** (Vosges), 9, rue Sainte-Adélaïde.
- 20 **Conti** (Corse), 6, rue Royale.
- 353 **Corcelle** [de] (Nord), 8, rue des Réservoirs.
- 511 **Cordier** (Seine-Inférieure), 8, rue de la Pompe.
- 424 **Corne** (Nord), hôtel des Réservoirs.
- 107 **Cornulier-Lucinière** [comte de] (Loire-Inférieure), 16, avenue de Saint-Cloud.
- 250 **Costa de Beauregard** [marquis] (Savoie), 7, rue du Vieux-Versailles.
- 518 **Cottin** [Paul] (Ain), 8, rue de Mouchy.
- 507 **Courbet-Poulard** (Somme), 3, rue Pétigny.
- 152 **Courcelle** (Haute-Saône), 45, rue de Satory.
- **Cournet** (Seine), 221, rue Saint-Antoine, Paris.
- 648 **Crespin** (Loiret), 12, rue de la Chancellerie.
- 206 **Crussol** [duc de] (Gard), 11 bis, rue des Réservoirs.
- 468 **Cumont** [vicomte Arthur de] (Maine-et-Loire), 37, rue de Satory.
- 448 **Cunit** (Loire), 21, boulevard de la Reine.

D

155 **Daguenet** (Basses-Pyrénées), 46, rue de l'Orangerie.
590 **Daguilhon-Lasselve** (Tarn), 1, rue Berthier.
116 **Dahirel** (Morbihan), 8, rue des Réservoirs.
97 **Dampierre** [marquis de] (Landes), 13, rue de l'Impératrice.
528 **Daron** (Saône-et-Loire), 3, rue des Tournelles.
401 **Daru** [comte] (Manche), 7, rue de la Bibliothèque.
243 **Dauphinot** (Marne), 48, rue Du Plessis.
229 **Daussel** (Dordogne), 26, rue de Maurepas.
725 **Decazes** [baron] (Tarn), 31, rue du Vieux-Versailles.
141 **Decazes** [duc] (Gironde), hôtel des Réservoirs.
446 **Delacour** (Calvados), 18, rue de l'Orangerie.
660 **Delacroix** (Eure-et-Loir), 1, rue de la Paroisse.
491 **Delavau** [H.] (Maine-et-Loire), 25, boulevard de la Reine.
434 **Delille** (Creuse), 48, rue de Satory.
436 **Delorme** (Calvados), 71, rue Royale.
309 **Delpit** [Martial] (Dordogne), 37, boulevard de la Reine.
76 **Delsol** (Aveyron), 3, rue Marie-Charlotte, au Chesnay (banlieue de Versailles).
323 **Depasse** (Côtes-du-Nord), 41, rue de la Paroisse.
160 **Depeyre** [Octave] (Haute-Garonne), 15, rue Colbert.

94 **Desbons** (Hautes-Pyrénées), 25, rue Neuve.
363 **Descat** (Nord), hôtel des Réservoirs.
608 **Deschange** (Moselle), 10, rue Neuve.
379 **Desciligny** (Aveyron), 6, rue du Buc.
Desjardins (Oise), 31, rue du Vieux-Versailles.
411 **Destremx** (Ardèche), 10, boulevard de la Reine.
104 **Dezanneau** (Loire-Inférieure), 16, avenue de Saint-Cloud.
58 **Diesbach** [comte de] (Pas-de-Calais), rue du Vieux-Versailles.
332 **Dompierre-d'Hornoy** [amiral de] (Somme), 22, avenue de Paris.
681 **Doré-Graslin** (Loire-Inférieure), 10, rue Saint-Antoine.
426 **Dorian** (Loire), 32, avenue de Saint-Cloud.
Dornès (Moselle).
32 **Douay** (Pas-de-Calais), hôtel des Réservoirs.
298 **Doulet** [comte de] (Puy-de-Dôme), 9, place d'Armes.
669 **Dubois** (Côte-d'Or), 24, rue Neuve.
473 **Ducarre** (Rhône), 3, boulevard du Roi.
651 **Duchaffault** (Basses-Alpes), 2, rue Jean-Houdon.
404 **Duchatel** [comte] (Charente-Inférieure), 4, boulevard de la Reine.
477 **Duclerc** (Basses-Pyrénées), 16, rue Sainte-Victoire.
430 **Ducoux** (Loir-et-Cher), 7, rue Saint-Louis.
689 **Ducrot** [général] (Nièvre), 4, avenue de Sceaux.
451 **Ducuing** (Hautes-Pyrénées), 31, avenue de Saint-Cloud.
185 **Dufaur** [Xavier] (Basses-Pyrénées), 1, avenue de Sceaux.

Dufaure [Jules] (Charente-Inférieure), ministre de la Justice, 29, avenue de Paris.
381 **Dufour** (Indre), 58, rue de la Paroisse.
563 **Dufournel** (Haute-Saône), 38, rue de la Paroisse.
176 **Dumarnay** (Finistère), hôtel du Petit-Vatel.
72 **Dumon** (Gers), 32, rue des Bons-Enfants.
28 **Mgr Dupanloup** [évêque d'Orléans] (Loiret), 2, rue Saint-Antoine.
418 **Duparc** (Haute-Savoie), 7, rue Colbert.
164 **Dupin** [Félix] (Hérault), 3, rue Du Plessis.
646 **Dupont** [de l'Eure] (Eure), 12, avenue de Sceaux.
127 **Duportail** (Orne), 14, rue des Réservoirs.
500 **Duréault** (Saône-et-Loire), 11, rue de Maurepas.
395 **Durfort de Civrac** [comte de] (Maine-et-Loire), 12, boulevard de la Reine.
666 **Durieu** (Cantal).
53 **Dussaussoy** (Pas-de-Calais), 4 bis, rue des Missionnaires.

E

60 **Ernoul** (Vienne), 63, rue de la Paroisse.
339 **Eschassériaux** [baron] (Charente-Inférieure), 3, avenue de Saint-Cloud.
672 **Esquiros** (Bouches-du-Rhône), 57, rue du Faubourg-Poissonnière, Paris.
597 **Eymard-Duvernay** (Isère).

F

665 **Farcy** [lieutenant de vaisseau] (Seine), 5, rue Montbauron.
Favre [Jules] (Rhône), 24, rue de Noailles.
110 **Féligonde** [de] (Puy-de-Dôme), 5, rue du Marché-Neuf.
503 **Feray** (Seine-et-Oise), 13, place d'Armes.
527 **Ferry** [Jules] (Vosges), 4, rue de Gravelle.
724 **Flaghac** [baron de] (Haute-Loire), 8, avenue de Sceaux.
423 **Flaud** (Côtes-du-Nord), 30, rue de Montreuil.
717 **Fleuriot** [de] (Loire-Inférieure), 2, boulevard de la Reine.
465 **Flotard** (Rhône), 41, rue de la Paroisse.
457 **Flye-Sainte-Marie** (Marne), 47, rue Neuve.
109 **Fontaine** [de] (Vendée), 36, avenue de Saint-Cloud.
179 **Forsanz** [de] (Finistère), 12, rue d'Anjou.
99 **Foubert** (Manche), 13, rue de Montreuil.
395 **Foucaud** [de] (Côtes-du-Nord), 2, rue de Maurepas.
51 **Fouler de Relingue** [comte] (Pas-de-Calais), hôtel des Réservoirs.
543 **Fouquet** (Aisne), 31, rue d'Angivilliers.
273 **Fourichon** [amiral] (Dordogne), 31, rue Neuve.
399 **Fournier** [Henri] (Cher), 45, rue de Vergennes.
230 **Fourtou** [de] (Dordogne), 7, rue de la Paroisse.

92 **Franclieu** [marquis de] (Hautes-Pyrénées), 25, rue Neuve.
690 **Frébault** [général] (Seine), 18, avenue de Saint-Cloud.
722 **Fresneau** (Morbihan), 4, rue de Maurepas.

G

217 **Gailly** (Ardennes), 9, boulevard du Roi.
331 **Gallicher** (Cher), 43 bis, rue de Vergennes.
82 **Galloni d'Istria** (Corse), 51, avenue de Saint-Cloud.
Gambon (Seine).
220 **Ganivet** [Alban] (Charente), 18, rue d'Angivilliers.
100 **Gaslonde** (Manche), 79, rue Royale.
194 **Gasselin de Fresnay** (Sarthe), 59, rue de la Paroisse.
711 **Gatien-Arnoult** (Haute-Gar.), 14, rue Lebrun.
422 **Gaultier de Rumilly** (Somme), 29, rue de la Paroisse.
202 **Gaultier de Vaucenay** (Mayenne), 25, rue de l'Orangerie.
93 **Gavardie** [de] (Landes), 73, rue Royale.
15 **Gavini** (Corse), 7 bis, rue de la Paroisse.
519 **Gayot** [Amédée] (Aube), 24, rue du Vieux-Versailles.
616 **George** (Vosges), 3, rue d'Angivilliers.
553 **Germain** (Ain).
400 **Germonière** (Manche), 94, rue Royale.
432 **Gévelot** (Orne), 95, boulevard de la Reine.
114 **Gillon** [Paulin] (Meuse), 22, rue des Réservoirs.

716 **Ginoux de Fermon** (Loire-Inférieure), 2, boulevard de la Reine.
117 **Giraud** [Alfred] (Vendée), 7, rue du Vieux-Versailles.
580 **Girerd** [Cyprien] (Nièvre), 131, boulevard de la Reine.
248 **Glas** (Rhône), 22, rue Neuve.
328 **Godet de la Ribouillerie** (Vendée), 23, rue des Réservoirs.
565 **Godin** (Aisne), 22, rue Neuve.
290 **Gontaut-Biron** [vicomte de] (Basses-Pyrénées), 2 ter, rue de la Pompe.
415 **Gouin** (Indre-et-Loire), 1, boulevard du Roi.
384 **Goulard** [de] (Hautes-Pyrénées), 25, rue Neuve.
333 **Gouvion Saint-Cyr** [marquis de] (Eure-et-Loir), 6, impasse des Gendarmes.
8 **Grammont** [marquis de] (Haute-Saône), à l'Evêché.
606 **Grandpierre** (Meuse), 10, rue Neuve.
149 **Grasset** [de] (Hérault), 8, rue Berthier.
705 **Greppo** (Seine), 5, place Royale, impasse du Béarn, Paris.
462 **Grévy** [Albert] (Doubs), 62, rue des Chantiers.
Grévy [Jules] (Jura), au Palais de l'Assemblée nationale. (Président de l'Assemblée.)
682 **Grivart** (Ille-et-Vilaine), cour du Château, escalier n° 4.
612 **Grollier** (Orne), 13, rue de Mademoiselle.
238 **Gueidan** (Isère), 7, rue des Tournelles.
602 **Guibal** (Tarn), 29, rue de la Paroisse.
552 **Guichard** (Yonne), 17, boulevard du Roi.

564 **Guinard** (Savoie), 43, rue de l'Orangerie.
406 **Guiraud** [Léonce de] (Aude), 5, rue Saint-Antoine.
439 **Guiter** (Pyrénées-Orientales), 14, rue de la Paroisse.

H

385 **Haetjens** (Sarthe), 9 bis, avenue de Paris.
50 **Hamille** [Victor] (Pas-de-Calais), 8, rue des Réservoirs.
407 **Harcourt** [duc d'] (Calvados), 14, rue de la Paroisse.
460 **Haussonville** [vicomte Othenin d'] (Seine-et-Marne), 19, rue de Maurepas.
316 **Hespel** [comte d'] (Nord), 54, rue Du Plessis.
184 **Houssard** (Indre-et-Loire), 8, rue de l'Orangerie.
183 **Hulin** (Indre-et-Loire), 34, rue du Vieux-Versailles.
712 **Humbert** (Haute-Garonne), 87, avenue de Saint-Cloud.
Humbert [Louis-Amédée] (Moselle).
285 **Huon de Pennanster** (Côtes-du-Nord), 1, rue Sainte-Geneviève.

J

326 **Jaffré** [abbé] (Morbihan, 4, rue de Maurepas.
156 **Jamme** (Tarn), 66, rue Du Plessis.
61 **Jaubert** [comte] (Cher), 41, hôtel des Réservoirs.
269 **Jaureguiberry** [amiral] (Basses-Pyrénées), 1, rue Neuve.
425 **Javal** (Yonne), 10, rue du Parc-de-Clagny.
236 **Jocteur-Montrosier** (Isère), 3, rue Sainte-Victoire.
95 **Johnston** (Gironde), hôtel des Réservoirs.
674 **Joigneaux** (Côte-d'Or).
Joinville [prince de] (Manche, Haute-Marne).
119 **Jordan** [Alexandre] (Saône-et-Loire), 4, rue Royale.
470 **Joubert** [Ambroise] (Maine-et-Loire), 37, rue de Satory.
235 **Jourdan** (Isère), 14, rue Sainte-Victoire.
656 **Journault** (Seine-et-Oise), à Sèvres.
276 **Journu** (Gironde), 8, rue des Tournelles.
350 **Jouvenel** [baron de] (Corrèze), hôtel des Réservoirs.
495 **Jozon** (Seine-et-Marne), 33, rue d'Angivilliers.
89 **Juigné** [comte de] (Loire-Inférieure), 37, rue de Satory.
68 **Juigné** [marquis de] (Sarthe), 11 bis, rue des Réservoirs.
317 **Jullien** [Alexandre] (Loire), 1, rue de Beauveau.

K

78 **Kergariou** [comte de] (Ille-et-Vilaine), 60, rue Du Plessis.
66 **Kergorlay** [de] (Oise), 4, avenue de Sceaux.
145 **Kéridec** [de] (Morbihan), 18, rue des Chantiers.
263 **Kermenguy** [de] (Finistère), 12, rue d'Anjou.

355 **Kolb-Bernard** (Nord), 6, rue de Gravelle.

L

108 **Labassetière** [de] (Vendée), hôtel des Réservoirs.
77 **Labitte** (Oise), 1, rue Sainte-Victoire.
145 **La Borderie** [de] (Ille-et-Vilaine), 2, rue de la Paroisse.
261 **La Bouillerie** [de] (Maine-et-Loire), 7, rue des Bourdonnais.
71 **Lacave-Laplagne** (Gers), place d'Armes, hôtel de France.
455 **La Caze** (Basses-Pyrénées), 25, rue des Bourdonnais.
166 **Lacombe** [Charles de] (Puy-de-Dôme), 7 bis, rue de la Paroisse.
515 **Lafayette** [Oscar de] (Seine-et-Marne), 29, rue du Vieux-Versailles.
592 **Laflize** (Meurthe), 9, rue de Montbauron.
572 **Lafon de Fongaufiez** (Sénégal).
335 **Lagrange** [baron A. de] (Nord), 23, boulevard de la Reine.
11 **La Guiche** [marquis de] (Saône-et-Loire), hôtel des Réservoirs.
146 **Lallié** (Loire-Inférieure), 10, rue Saint-Antoine.
615 **Lambert de Sainte-Croix** (Aude), 6, place Hoche.
29 **Lamberterie** [de] (Lot), 32, rue Du Plessis.
Lambrecht (Nord), 14, rue Saint-Martin.
496 **Lamy** (Jura), 18, rue de la Paroisse.
516 **Lanel** (Seine-Inférieure), 48, avenue de Saint-Cloud.

405 **Lanfray** (Bouches-du-Rhône).
523 **Langlois** (Seine), 13, rue Saint-Médéric.
105 **La Pervanchère** [colonel de] (Loire-Inférieure).
289 **Laprade** [de] (Rhône), 27, rue Hoche.
Larcy [baron de] (Gard), Palais de Versailles, escalier 16, au 2ᵉ.
286 **Largentaye** [de] (Côtes-du-Nord), 2, rue de Maurepas.
79 **La Roche-Aymon** [marquis de] (Creuse), 8, avenue de Sceaux.
259 **La Rochefoucauld Bisaccia** [duc de] (Sarthe), 11, rue des Réservoirs.
46 **La Rochejacquelein** [marquis de] (Deux-Sèvres), 2, rue d'Anjou.
91 **La Roche-Thulon** [comte de] (Vienne), 2, rue d'Anjou.
26 **La Rochette** [de] (Loire-Inférieure), 17, boulevard de la Reine.
331 **La Roncière le Noury** [amiral] (Eure), 9, place d'Armes.
668 **Laserve** (Ile de la Réunion), 3, rue du Jeu-de-Paume.
479 **La Sicotière** [de] (Orne), 22, avenue de Paris.
96 **Lassus** [de] (Haute-Garonne), 8, rue d'Anjou.
452 **Lasteyrie** [J. de] (Seine-et-Marne), 3, rue de la Pompe.
137 **Laurenceau** [baron] (Vienne), 37, rue de Satory.
Lavergne [de] (Creuse), 29, rue d'Angivilliers.
636 **Lebas** (Nièvre), 44, rue de la Paroisse.
450 **Leblond** (Marne), rue
643 **Lebrun** (Simon).
125 **L'Ebraly** (Corrèze), 18, rue de l'Orangerie.

— 44 —

588 **Le Camus** (Tarn), 2, rue au Pain.
200 **Lechatelain** (Mayenne), 38, avenue de Paris.
65 **Lefèvre - Pontalis** [Amédée] (Eure-et-Loir), 17, rue des Réservoirs.
521 **Lefèvre - Pontalis** [Antonin] (Seine-et-Oise), 17, rue des Réservoirs.
Le Flô [général] (Finistère), 57, boulevard de la Reine.
Lefranc [Pierre] (Pyrénées-Orientales).
476 **Lefranc** [Victor] (Landes), 1, rue du Peintre-Lebrun.
192 **Legge** [comte de] (Finistère), 19, rue Berthier.
98 **Legrand** [Arthur] (Manche), 39, boulevard de la Reine.
188 **Le Lasseux** (Mayenne), 8, place Hoche.
440 **Lenoël** [Émile] (Manche), 34, rue Neuve.
327 **Léon** [Adrien] (Gironde), hôtel des Réservoirs.
664 **Lepère** (Yonne), hôtel de la Chasse.
558 **Leroux** [Aimé] (Aisne), 9, place Hoche.
531 **Leroux** [Émile] (Oise), 4, rue Sainte-Victoire.
472 **Le Royer** (Rhône), 3, boulevard du Roi.
393 **Lespérut** [baron de] (Haute-Marne), avenue de Villeneuve-l'Étang, chez M. Boselli.
190 **Lespinasse** (Tarn-et-Garonne), 2, impasse des Réservoirs.
463 **Lestapis** [de] (Basses-Pyrénées), 3, avenue de Saint-Cloud.
44 **Lestourgie** (Corrèze), 7, rue Saint-Médéric.

347 **Leurent** (Nord), 9, boulevard de la Reine.
530 **Lignier** (Aube), 11 bis, rue de Mademoiselle.
280 **Limairac** [Jules de] (Tarn-et-Garonne).
88 **Limayrac** [Léopold] (Lot), 7, boulevard du Roi.
481 **Limpérani** (Corse), 4, rue Saint-François.
658 **Littré** (Seine), 59, rue Du Plessis.
296 **Lorgeril** [vicomte de] (Côtes-du-Nord), 18, rue des Chantiers.
198 **Lortal** (Aveyron), 14, rue des Tournelles.
475 **Loysel** [général] (Ille-et-Vilaine), hôtel du Sabot-d'Or.
444 **Lucet** (Constantine), 35, rue Neuve.
260 **Lur-Saluces** [marquis de] (Gironde), 6, place Hoche.
131 **Luro** (Gers), 1, rue Neuve.

M

506 **Magniez** (Somme), 3, rue Pétigny.
435 **Magnin** (Côte-d'Or), 25, boulevard de la Reine.
697 **Mahy** [de] (Ile de la Réunion), 1, rue du Jeu-de-Paume.
397 **Maillé** [comte de] (Maine-et-Loire), 4, avenue de Sceaux.
258 **Malartre** (Haute-Loire), 8, avenue de Sceaux.
638 **Malens** (Drôme), 44, rue de la Pompe.
308 **Maleville** [marquis de] (Dordogne), 19, rue d'Angivilliers.
6 **Maleville** [Léon de] (Tarn-et-Garonne), 45, rue Neuve.
545 **Malézieux** (Aisne), 30, rue Saint-Martin.

180 **Mallevergne** (Haute-Vienne), 11, rue de Vergennes.
471 **Mangini** (Rhône), 17, boulevard du Roi.
710 **Marc-Dufraisse** (Seine), Villa Julia, Parc de Clagny.
341 **Marcère** [de] Nord), 54, rue Du Plessis.
647 **Marchand** (Charente), 23, boulevard de la Reine.
474 **Margaine** (Marne), 67, rue Du Plessis.
330 **Marhallach** [abbé du] (Finistère), 47, rue d'Anjou.
268 **Marmier** [duc de] (Haute-Saône), 13, rue de la Pompe.
30 **Martel** (Pas-de-Calais), hôtel des Réservoirs, annexe.
502 **Martell** (Charente), 4, rue de Mouchy.
18 **Martenot** (Allier), 4 bis, rue des Missionnaires.
624 **Martin** [Charles] (Nièvre), 18, avenue de Paris.
544 **Martin** [Henri] (Seine), au ministère de l'Instruction publique.
37 **Martin des Pallières** [général] (Gironde), au Palais de l'Assemblée nationale.
142 **Mathieu** [Ferdinand] (Saône-et-Loire), 3, rue d'Angivilliers.
369 **Mathieu-Bodet** (Charente), 51 bis, boulevard de la Reine.
62 **Mathieu de la Redorte** [comte] (Aude), 2, rue de la Paroisse.
343 **Maurice** [Jules] (Nord), 8, hôtel des Réservoirs.
526 **Mayaud** [Paul] (Maine-et-Loire), 14, hôtel des Réservoirs.
227 **Mazerat** (Dordogne), 7, rue de la Paroisse.
33 **Mazure** [général] (Deux-Sèvres), 61 bis, boulevard de la Reine.

398 **Meaux** [vicomte de] (Loire), 14, rue des Réservoirs.
354 **Melun** [comte de] (Nord), 12, avenue de Sceaux.
16 **Méplain** (Allier), 7, rue Saint-Médéric.
25 **Mérode** [de] (Nord), 6, rue de Gravelle.
128 **Merveilleux du Vignaux** (Vienne), 37, rue de Satory.
345 **Mettetal** (Doubs), 8 et 10, rue de la Porte-du-Buc.
585 **Michal Ladichère** (Isère), 121 bis, boulevard de la Reine.
650 **Michel** (Basses-Alpes), 2, rue Jean-Houdon.
178 **Monjaret de Kerjégu** (Finistère), hôtel des Réservoirs.
121 **Monneraye** [comte de la] (Morbihan), 30, rue de Satory.
271 **Monnet** (Deux-Sèvres), 10, rue Saint-Honoré.
508 **Monnot-Arbilleur** (Doubs), 29, rue d'Angivilliers.
358 **Montaignac** [amiral de] (Allier), 10, place Hoche.
224 **Monteil** (Dordogne), 14, rue des Tournelles.
245 **Montgolfier** (Loire), 15, rue des Récollets.
17 **Montlaur** [marquis de] (Allier), 10, rue d'Anjou.
396 **Montrieux** (Maine-et-Loire), 3, boulevard du Roi.
677 **Moreau** (Côte-d'Or), 86, rue de Rivoli. Paris.
489 **Morel** [Jules] (Rhône), 5, rue de Maurepas.
374 **Mornay** [marquis de] (Oise), 9, rue Saint-Antoine.
10 **Mortemart** [marquis de] (Rhône), hôtel des Réservoirs.
124 **Moulin** (Puy-de-Dôme), 8, impasse des Gendarmes.

136 **Murat** [comte Joachim] (Lot), 43, rue de l'Orangerie.
632 **Murat-Sistrière** (Cantal), hôtel des Réservoirs.

N

278 **Noailhan** [comte de] (Ariége), 44, rue de la Pompe.
Noblot (Moselle).
525 **Noël-Parfait** (Eure-et-Loir), 21, rue de la Paroisse.

O

449 **Osmoy** [d'] (Eure).

P

34 **Pagès-Duport** (Lot), 20, rue Du Plessis.
352 **Pajot** (Nord), 12, avenue de Sceaux.
512 **Palotte** [Jacques] (Creuse), 48, rue de Satory.
417 **Parent** (Savoie), 15, rue des Réservoirs.
532 **Parigot** (Aube), 24, rue du Vieux-Versailles.
57 **Paris** (Pas-de-Calais), 36, rue de l'Orangerie.
31 **Partz** [marquis de] (Pas-de-Calais), hôtel des Réservoirs.
459 **Passy** [Louis] (Eure), villa Moricet, carrefour Montreuil.
23 **Patissier** [Sosthène] (Allier), 2, rue de Satory.

626 **Paultre** (Nièvre), 77, avenue de Saint-Cloud.
Péconnet (Charente), 1 *bis*, rue d'Angivilliers. (Mort.)
645 **Pélissier** (V.) [général] (Saône-et-Loire), 9, rue Colbert.
428 **Pelletan** (Bouches-du-Rhône), 5, impasse du Débarcadère, *rive droite*.
102 **Pelterau-Villeneuve** (Haute-Marne), 31, boulevard de la Reine.
246 **Perret** (Rhône), 33, boulevard de la Reine.
242 **Perrier** [Eugène] (Marne), 105, boulevard de la Reine.
380 **Perrot** [Ulric] (Oise), 2, rue Sainte-Victoire.
652 **Petau** (Loiret), 4, place Hoche.
282 **Peulvé** (Seine-Inférieure), 39, rue de la Paroisse, chez M. Hist.
3 **Peyramont** [de] (Haute-Vienne), 67, rue de la Paroisse.
522 **Peyrat** (Seine).
216 **Philippoteaux** (Ardennes), 64, rue d'Anjou.
Picard [Ernest] (Meuse), à la Préfecture. (Ministre de l'intérieur.)
639 **Piccon** (Alpes-Maritimes), 8, rue de Mademoiselle.
118 **Pioger** [de] (Morbihan), hôtel Vatel.
377 **Piou** (Haute-Garonne), 41, rue de la Paroisse.
1 **Plichon** (Nord), 6, rue de Gravelle.
283 **Pontoi-Pontcarré** [marquis de] (Eure-et-Loir), 18, rue de Satory.
560 **Pory-Papy** (Martinique), 35, rue de Vergennes.
Pothuau [amiral] (Seine), Ministre de la marine.

Ponyer-Quertier (Seine-Inférieure), Palais de Versailles.
154 **Pradié** (Aveyron), 31, rue Saint-Louis.
513 **Prax-Paris** (Tarn-et-Garonne), 7, rue Sainte-Victoire.
247 **Prétavoine** (Eure), 5, avenue de Saint-Cloud.
14 **Princeteau** (Gironde), au Palais de l'Assemblée nationale.
294 **Puyberneau** [de] (Vendée).

Q

578 **Quinet** [Edgar] (Seine), hôtel du Petit-Vatel.
574 **Quinsonas** [marquis de] (Isère), 19, avenue de Paris.

R

64 **Rainneville** [de] (Somme), bains Saint-Louis, avenue de Sceaux.
113 **Rambures** [de] (Somme), 3, rue Pétigny.
655 **Rameau** (Seine-et-Oise), 17, rue Hoche.
414 **Rampon** [comte de] (Ardèche), 33, rue de l'Orangerie.
Rampont (Yonne).
661 **Rathier** (Yonne), 9, rue Colbert.
378 **Raudot** (Yonne), 11, rue des Réservoirs.
376 **Ravinel** [de] (Vosges), 2, impasse des Chevau-Légers.
520 **Rémusat** [Paul de] (Haute-Garonne), 10, rue de la Pompe.
499 **Renaud** [Félix] (Saône-et-Loire), 4, rue de Gravelle.

667 **Renaud** [Michel] (Basses-Pyrénées), 62, rue Caumartin, Paris.
5 **Rességuier** [comte de] (Gers), 2 ter, rue de la Pompe.
373 **Reverchon** (Jura), 30, rue de Satory.
581 **Reymond** [Ferdinand] (Isère).
19 **Riant** [Léon] (Allier), 4 bis, rue des Missionnaires.
453 **Ricard** (Deux-Sèvres), 53, boulevard de la Reine.
493 **Richard** [Max] (Maine-et-Loire), 9, rue de la Paroisse.
336 **Richier** (Gironde), 15, Colbert.
153 **Ricot** (Haute-Saône), 23, boulevard de la Reine.
43 **Rincquesen** [de] (Pas-de-Calais), 1, rue du Vieux-Versailles.
454 **Riondel** (Isère), 31, rue Royale.
9 **Rivaille** [Arthur] (Charente-Inférieure), 3, avenue de Saint-Cloud.
482 **Rive** [Francisque] (Ain), 4, rue Royale.
601 **Rivet** (Corrèze), 7, rue de Maurepas.
642 **Robert de Massy** (Loiret), 4, place Hoche.
147 **Rodez-Bénavent** [vicomte de] (Hérault), 50, rue de la Paroisse.
22 **Roger du Nord** [comte] (Nord), cour du Palais, escalier n° 2.
633 **Rolland** (Lot), 26, rue de Maurepas.
541 **Rolland** [Charles] (Saône-et-Loire), 14, rue Berthier.
254 **Roquemaurel** [de] (Ariége), 13, boulevard du Roi.
364 **Rotours** [des] (Nord), 59, boulevard de la Reine.
542 **Roussel** (Lozère), 118, rue Neuve-des-Mathurins, Paris.
464 **Rouveure** (Ardèche), 7, boulevard du Roi.

— 48 —

467 **Roux** [Honoré] (Puy-de-Dôme), 22, rue Neuve.
366 **Roy de Loulay** (Charente-Inférieure), 2, rue de la Paroisse.
319 **Roys** [marquis des] (Seine-Inférieure), 13, rue Colbert.

S

231 **Sacase** (Haute-Garonne), 25, rue des Bourdonnais.
120 **Saincthorent** [de] (Creuse), 45, avenue de Saint-Cloud.
84 **Saint-Germain** [de] (Manche), 8, place Hoche.
38 **Saint-Malo** [de] (Pas-de-Calais), 8, rue des Tournelles.
340 **Saint-Marc Girardin** (Haute-Vienne), 29, rue de la Chancellerie.
514 **Saint-Pierre** [de] (Calvados), hôtel Vatel.
75 **Saint-Pierre** [Louis de] (Manche), 23, rue Saint-Honoré.
54 **Saint-Victor** [de] (Rhône), 24, rue du Vieux-Versailles.
279 **Saintenac** [vicomte de] Ariége), 24, rue Saint-Médéric.
Saisset [vice-amiral] (Seine), 24, rue de la Chancellerie.
641 **Saisy** [Hervé de] (Côtes-du-Nord).
4 **Salvandy** [de] (Eure), 4, rue de Maurepas.
517 **Salvy** (Cantal), 2, rue de Mademoiselle.
24 **Sarrette** (Lot-et-Garonne), 8, rue Berthier.
691 **Sauvage** (Seine), 24, rue de Mademoiselle.
86 **Savary** (Manche), 41, rue de la Paroisse.

182 **Savoye** (Seine-Inférieure), 51 *bis*, boulevard de la Reine.
504 **Say** [Léon] (Seine), 14, rue des Missionnaires.
537 **Schœlcher** (Seine, Martinique), 32, rue Joubert, Paris.
548 **Ségur** [comte Louis de] (Seine-et-Marne), 9, place Hoche.
413 **Seignobos** (Ardèche), 48, avenue de Saint-Cloud.
291 **Serph** [Gusman] (Vienne), 10, rue Saint-Honoré.
284 **Sers** [marquis de] (Loir-et-Cher), 52, avenue de Saint-Cloud.
410 **Silva** [Clément] (Haute-Savoie), 28, cours la Reine, Paris.
680 **Simon** [Fidèle] (Loire-Inférieure), 51 *bis*, boulevard de la Reine.
Simon [Jules] (Marne), Ministre de l'Instruction publique, Palais de Versailles.
163 **Soury-Lavergne** (Hte-Vienne), 3, rue du Jeu-de-Paume.
557 **Soye** [docteur] (Aisne), 5, avenue de Saint-Cloud.
334 **Staplande** [de] (Nord), 6, rue de Gravelle.
510 **Steinheil** (Vosges), 18, avenue de Sceaux.
123 **Sugny** [de] (Loire), 8, impasse des Gendarmes.

T

676 **Taberlet** (Haute-Savoie), 6 *bis*, rue d'Angivilliers.
126 **Tailhand** (Ardèche), 37, avenue de Saint-Cloud.
307 **Taillefert** (Deux-Sèvres), 18, avenue de Paris.
402 **Talhouët** [marquis de] (Sarthe), hôtel des Réservoirs.

383 **Tallon** (Puy-de-Dôme), 32, rue de la Pompe.
437 **Tamisier** (Jura), 19, rue des Réservoirs.
443 **Target** (Calvados), hôtel des Réservoirs, *annexe*.
148 **Tarteron** [de] (Gard), 9, rue de la Paroisse.
431 **Tassin** (Loir-et-Cher), 22, rue des Réservoirs.
614 **Teisserenc de Bort** (Haute-Vienne), 27, rue des Réservoirs.
90 **Temple** [général du] (Ille-et-Vilaine), rue d'Angivillers, au coin de la rue d'Angoulême, chez M. Lebouteux.
554 **Tendret** (Ain), 6, boulevard du Roi.
357 **Ternaux** [Mortimer] (Ardennes), 6, place Hoche.
346 **Théry** (Nord), 12, avenue de Sceaux.
Thiers (Seine), Président des Ministres, Chef du Pouvoir Exécutif, à la Préfecture.
458 **Thomas** [docteur] (Marne), hôtel de la Grande-Fontaine.
445 **Thurel** (Jura), 62, rue des Chantiers.
427 **Tillancourt** [de] (Aisne), 4, avenue de Sceaux.
540 **Tirard** (Seine), 89, avenue de Saint-Cloud.
538 **Tolain** (Seine), 7, rue St-Honoré.
219 **Toupet des Vignes** (Ardennes), hôtel Vatel.
139 **Tréveneuc** [comte de] (Côtes-du-Nord).
150 **Tréveneuc** [vicomte de] (Finistère), 7, boulevard du Roi.
56 **Tréville** [comte de] (Aude), 8, rue des Tournelles.
186 **Tribert** (Deux-Sèvres), 53, boulevard de la Reine.
272 **Trochu** [général] (Morbihan), 31, rue Neuve.
670 **Turquet** (Aisne), 131, boulevard de la Reine.

V

494 **Vacherot** (Seine), 3, carrefour Montreuil.
169 **Valady** [de] (Aveyron), 26, rue de Maurepas.
266 **Valfons** [marquis de] (Gard), 15, rue Saint-Pierre.
135 **Valon** [de] (Lot), 38, avenue de Saint-Cloud.
251 **Vandier** (Vendée), 8 *ter*, rue d'Angivilliers.
618 **Varroy** (Meurthe), 3, rue d'Angivilliers.
348 **Vast-Vimeux** [baron] (Charente-Inférieure), 18, rue de l'Orangerie.
167 **Vaulchier** [de] (Doubs), 1, impasse des Gendarmes.
303 **Ventavon** (Hautes-Alpes), 2, rue Jean-Houdon.
81 **Vente** (Nord), à l'Hôpital civil.
312 **Vétillart** (Sarthe), 1, rue des Tournelles.
420 **Viallet** (Savoie), 53, rue Du Plessis.
244 **Vidal** [Saturnin] (Ariége), 15, rue Colbert.
158 **Viennet** (Hérault), 35, rue de l'Orangerie.
360 **Vilfeu** (Mayenne), 7, rue Colbert.
570 **Villain** (Aisne), 99, boulevard de la Reine.
723 **Vimal-Dessaignes** (Puy-de-Dôme), 1, rue du Marché-Neuf.
575 **Vinay** [Henri] (Haute-Loire), 29, rue du Vieux-Versailles.

549 **Vingtain** [Léon] (Eure-et-Loir), 33, boulevard de la Reine.
144 **Vinols** [baron de] (Haute-Loire), 39, rue Neuve.
593 **Viox** (Meurthe), 9, rue de Montbauron.
222 **Vitalis** (Hérault), 48, avenue de Saint-Cloud.
338 **Vitet** (Seine-Inférieure), 8, rue de Maurepas.
40 **Vogüé** [marquis de] (Cher), hôtel des Réservoirs.
547 **Voisin** (Seine-et-Marne), 1, rue Neuve.

W

559 **Waddington** (Aisne), 4, rue de Mouchy.
416 **Wallon** (Nord), 2, rue de la Paroisse.
509 **Warnier** (Marne), 131, boulevard de la Reine.
52 **Wartelle de Retz** (Pas-de-Calais), 36, rue de l'Orangerie.
409 **Wilson** (Indre-et-Loire), 6, rue de Vergennes.
375 **Witt** [Cornélis de] (Calvados), 23, rue Saint-Martin.

NOMBRE DES DÉPUTÉS

PAR DÉPARTEMENT

1	Ain	7		Report	180
2	Aisne	11	27	Eure	8
3	Allier	7	28	Eure-et-Loir	6
4	Alpes (Basses-)	3	29	Finistère	13
5	Alpes (Hautes-)	2	30	Gard	9
6	Alpes-Maritimes	4	31	Garonne (Haute-)	10
7	Ardèche	8	32	Gers	6
8	Ardennes	6	33	Gironde	14
9	Ariége	5	34	Hérault	8
10	Aube	5	35	Ille-et-Vilaine	12
11	Aude	6	36	Indre	5
12	Aveyron	8	37	Indre-et-Loire	6
13	Bouches-du-Rhône	11	38	Isère	12
14	Calvados	9	39	Jura	6
15	Cantal	5	40	Landes	6
16	Charente	7	41	Loir-et-Cher	5
17	Charente-Inférieure	10	42	Loire	11
18	Cher	7	43	Loire (Haute-)	6
19	Corrèze	6	44	Loire-Inférieure	12
20	Corse	5	45	Loiret	7
21	Côte-d'Or	8	46	Lot	6
22	Côte-du-Nord	13	47	Lot-et-Garonne	6
23	Creuse	5	48	Lozère	3
24	Dordogne	10	49	Maine-et-Loire	11
25	Doubs	6	50	Manche	11
26	Drôme	6	51	Marne	8
	A reporter	180		A reporter	387

		Report	387			*Report*	
52	Marne (Haute-)		5	75	Seine-et-Marne		7
53	Mayenne		7	76	Seine-et-Oise		11
54	Meurthe			77	Sèvres (Deux-)		7
55	Meuse		6	78	Somme		11
56	Morbihan		10	79	Tarn		7
57	Moselle			80	Tarn-et-Garonne		4
58	Nièvre		7	81	Var		6
59	Nord		28	82	Vaucluse		5
60	Oise		8	83	Vendée		8
61	Orne		8	84	Vienne		6
62	Pas-de-Calais		15	85	Vienne (Haute-)		7
63	Puy-de-Dôme		11	86	Vosges		
64	Pyrénées (Basses-)		9	87	Yonne		7
65	Pyrénées (Hautes-)		5	88	Alger		2
66	Pyrénées-Orientales		4	89	Constantine		2
67	Rhône		13	90	Oran		2
68	Saône (Haute-)		6	91	Martinique		2
69	Saône-et-Loire		12	92	Guadeloupe		2
70	Sarthe		9	93	Guyane		1
71	Savoie		5	94	Sénégal		1
72	Savoie (Haute-)			95	Réunion		2
73	Seine		43	96	Inde française		1
74	Seine-Inférieure		16			Total	
	A reporter						

Paris. — Imprimerie Paul Dupont, rue Jean-Jacques-Rousseau, 41. — 1210.6.71

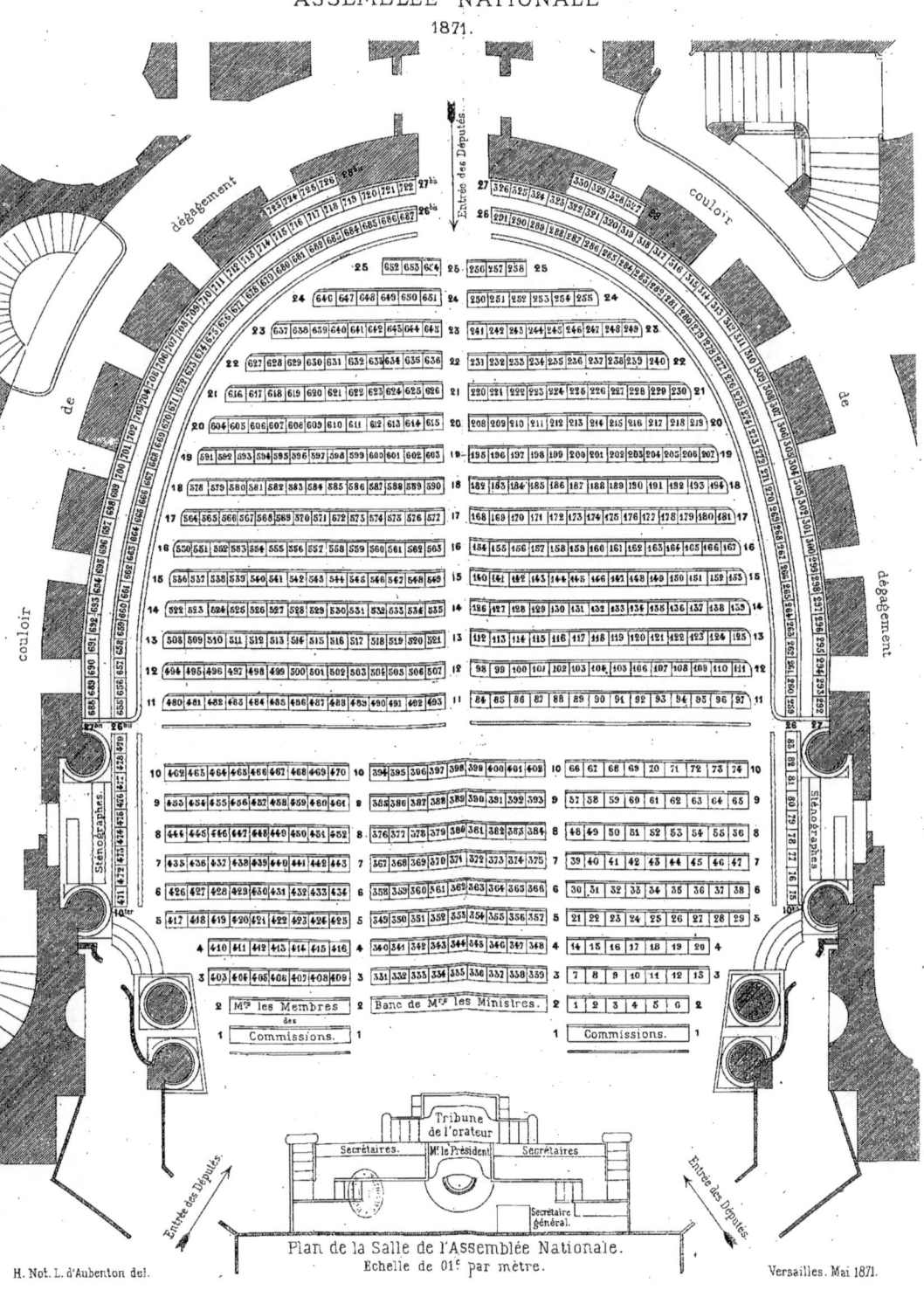

www.ingramcontent.com/pod-product-compliance
Lightning Source LLC
LaVergne TN
LVHW021701080426
835510LV00011B/1517